Este título incluido en **Nuestros Ilustres** —la serie de biografías de destacados personajes de los ámbitos de la ciencia, la cultura y la historia— pretende servir de soporte cultural y educativo, así como de **apoyo extracurricular a diversas asignaturas**, con el objetivo de promover el conocimiento, la investigación, la innovación, el talento y la divulgación. Cada título aproxima a los niños a un personaje cuya trayectoria ha contribuido significativamente al desarrollo y a la calidad de vida de nuestra sociedad.

Dicha serie de biografías forma parte de un proyecto impulsado por la **Fundación Acuorum Iberoamericana Canaria de Agua** en colaboración con **Canaragua, Aguas de Telde y Teidagua.** Ha sido coordinado y producido bajo el sello de **Vegueta,** en su colección **Unicornio.**

Guía de lectura: ¿Deseas saber más sobre los hermanos León y Castillo y su época? Junto a 💡 tendrás información más detallada y junto a 📢 encontrarás citas sobre los hermanos León y Castillo.

Textos: Pepa Aurora Rodríguez Silvera
Ilustraciones: Talamaletina
Ilustración guardas: plano de ensanche del Puerto de La Luz, 1912
Diseño: Anna Bosch
Maquetación: Laura Swing
Revisión técnica de contenidos: Gustavo Trujillo Yáñez.
Doctor en Historia, ULPGC

© Fundación Acuorum Iberoamericana Canaria de Agua
Gabinete Literario. Plaza de Cairasco, 1
35002 Las Palmas de Gran Canaria
www.acuorum.com

ISBN: 978-84-947237-0-4
Depósito Legal: GC 530-2018
Impreso y encuadernado en España

Cualquier forma de reproducción, distribución, comunicación pública o transformación de esta obra solo puede ser realizada con la autorización de sus titulares, salvo excepción prevista por la ley. Diríjase a CEDRO (Centro Español de Derechos Reprográficos) si necesita fotocopiar o escanear algún fragmento de esta obra (www.conlicencia.com; 91 702 19 70 / 93 272 04 45).

NUESTROS ILUSTRES

Los León y Castillo

Dos hermanos soñadores

PEPA AURORA

TALAMALETINA

Vegueta Unicornio

En el primer día de clase, Juan temblaba como una hoja. Menos mal que don Andrés, el maestro, y sus compañeros lo recibieron cariñosamente. Aunque los demás alumnos tenían dos y tres años más, Juan enseguida se integró.

Cerca de Navidad, el maestro pintó en el patio un gigantesco mapa de la isla y les dijo a los niños:

—Este año el belén tendrá la forma de Gran Canaria. Entre todos vamos a construir la isla que queremos.

Al pequeño Juan se le ocurrió dibujar un gran puerto y unir pueblos y casas aisladas con carreteras de arena y picón.

—¡Muy bien, muy bien! —dijo el maestro con una sonrisa de satisfacción.

Con el tiempo, aquel niño haría realidad las ideas que había plasmado en el belén: él y su hermano construirían un gran puerto y cambiarían para siempre la vida de sus paisanos. Pero sigamos leyendo para conocer mejor esta historia…

Los León y Castillo formaban una familia con cualidades extraordinarias. Cuando las estrellas encendían la noche, se sentaban en el patio de su casa de Telde y soñaban con mejorar su entorno. Juan pintaba en su cuaderno zapatos de colores para los niños descalzos, escuelas en la montañas, caminos llenos de flores... Después trataba de explicárselo a su hermano pequeño, Fernando.

Sus padres, Juan y María, les llevaban de excursión al campo y también iban a la playa. ¡Sí, sabemos que eso lo hacen muchísimas familias de ahora! Pero es que ellos vivieron en la segunda mitad del siglo XIX.

El ambiente familiar

Aunque tanto la familia paterna como la materna procedían de la aristocracia canaria, los León y Castillo no se podían permitir demasiados lujos. Por ejemplo, se sabe que pasaron estrecheces cuando llegó la hora de pagar los estudios de los dos hermanos a la vez.

La Escuela de Ingenieros

La Escuela de Caminos, Canales y Puertos fue fundada en 1802 por otro canario ilustre, Agustín de Betancourt, en parte gracias al apoyo y las iniciativas previas del conde de Floridablanca. Dos presidentes del Gobierno español, Sagasta y Calvo-Sotelo, estudiaron en ella.

Juan era inteligente y curioso y siempre estaba dispuesto a aprender. Su madre le enseñó a hablar francés y a entender latín. Además, lo instruyó en música y dibujo y le inculcó su afición a la lectura: leían juntos libros de cuentos y aventuras que llenaban su cabeza de fantasías creadoras.

Muchos días acompañaba a su padre por caminos y veredas para conocer muy de cerca la vida sacrificada y humilde de los medianeros y de los pastores que trabajaban en su hacienda.

A veces Juan volvía a casa consternado por toda la pobreza que veía, y le susurraba a su madre:

—¡Qué afortunados somos, mamá!

Cuando estaban en casa, Juan y Fernando compartían largas charlas sobre los problemas que veían a su alrededor. Desde ese momento se confabularon, como si fuera un hermoso pasatiempo, para encontrar soluciones que mejoraran la vida de sus paisanos.

El deseo de Juan era ser ingeniero y se preparó para viajar a Madrid.

La Biblioteca Nacional

Este enorme centro del saber frecuentado por Juan contaba, en su época de estudiante, con más de doscientos mil libros y en torno a treinta mil manuscritos. El edificio que sigue ocupando hoy no fue terminado hasta 1892.

Madrid era, a comienzos de la segunda mitad del siglo XIX, una de las ciudades más hermosas del mundo. Tenía parques, jardines, palacios, teatros, una enorme Biblioteca Nacional… ¡Cuántos libros! ¡Qué maravilla! ¡Toda aquella sabiduría estaba a su disposición! El joven obtuvo varios sobresalientes en los primeros cursos. Sin embargo, una grave enfermedad pulmonar y la repentina muerte de su padre lo obligaron a volver a casa.

Juan estuvo dos años convaleciente de su enfermedad. Pero en lugar de quejarse se dedicó a prepararse muy bien. Tenía entre ceja y ceja la idea de construir un gran puerto que llenara las islas de oportunidades. Colmado de proyectos, volvió a Madrid para acabar la carrera, convirtiéndose en el número uno de su promoción.

Finalmente, Juan regresó destinado ya como ingeniero a su isla, donde tuvo la suerte de trabajar junto a otro gran ingeniero llamado Francisco Clavijo y Plo.

Siempre que podía viajaba al interior de la isla en compañía de su hermano: necesitaba conocer el entorno y sus necesidades.

Una vez fueron a visitar los municipios del Norte. A los hermanos les acompañaba un amigo de Fernando, el joven escritor Benito Pérez Galdós. Estuvieron de aquí para allá: tomando nota, hablando con la gente. Observaron que todos los que labraban las tierras eran personas mayores:

—¡Oiga, señor! ¿Dónde están los jóvenes? —preguntó Juan, sorprendido.

—¡Todos han emigrado, mi niño! A América, a Cuba… Aquí no hay trabajo, solo quedamos los viejos, aguantando.

De vuelta a casa, los dos hermanos retomaron con fuerza el compromiso con sus paisanos:

—Voy a estudiar Derecho. Quiero dedicarme a la política para ayudar a resolver los problemas de la gente —dijo Fernando, convencido, y comenzó a preparar su viaje a Madrid.

Benito Pérez Galdós

Nacido en Las Palmas en 1843, este amigo de los León y Castillo se convertiría nada menos que en el novelista de mayor renombre en lengua castellana desde Cervantes. Fue un autor prolífico y un gran escritor realista, obsesionado con tratar los problemas sociales y los episodios históricos de su época.

La emigración canaria

Durante la segunda mitad del siglo XIX, decenas de miles de canarios emigraron a América Latina huyendo de las sequías, las crisis agrícolas y el bajo nivel de vida. Viajaron mayoritariamente a Cuba, pero también a países como Venezuela, Uruguay y Puerto Rico.

Lleno de ilusiones, Juan trabajó con esfuerzo en el primer proyecto del puerto en la bahía de La Luz: estaba convencido de que su construcción podía ser la gran salida a la crisis emigratoria. ¿En qué consistía esa crisis? Pues en la cantidad de jóvenes que se veían obligados a marcharse a vivir a América por el bajo nivel de desarrollo económico de las islas. Juan defendía que un puerto permitiría un transporte mucho más fluido de mercancías y personas, mejorando la comunicación entre islas.

El proyecto fue aprobado por el Estado y su construcción comenzó en 1862. Juan estaba exultante, pero, por desgracia, poco después la falta de dinero obligaría al alcalde de Las Palmas a parar la obra antes de tiempo.

Entre tanto, Fernando estudiaba Derecho en Madrid. Allí coincidió con su amigo Benito, que le ayudó a descubrir el Madrid de la realeza y la política.

El estudiante canario pronto se convirtió en asiduo de las tertulias literarias y políticas, codeándose con los intelectuales más importantes.

Consciente de su situación privilegiada, a su regreso a Canarias, Fernando decidió fundar con su hermano Juan el Partido Liberal Canario. Ganaron las elecciones y Fernando regresó a Madrid como diputado en el Congreso.

Desde Madrid Fernando le animaba por carta a seguir diseñando los planos y no abandonar su gran proyecto: un gran puerto para la isla.

Tiempos políticos convulsos

En muy breve tiempo se produciría una revolución y la reina Isabel II sería destronada. Pronto España pasaría de ser una monarquía a convertirse en una república.

Unos años más tarde, en 1881, Fernando fue nombrado Ministro de Ultramar. ¡Caray con Fernando! ¡Ahora sí que podía decidir! Era su gran oportunidad: debía actuar rápidamente…

Desde su posición de gran influencia, Fernando se encargó de aprobar las obras de finalización del puerto, así como de obtener el dinero necesario para construirlo. Juan fue el responsable de diseñar el proyecto.

Los hermanos no estaban solos en este sueño: también colaboraron comerciantes, políticos, amigos y las compañías inglesas instaladas en las islas, que aportaron bastante dinero y tecnología.

El Ministerio de Ultramar

Este departamento del Gobierno se encargaba de dirigir y organizar todo lo relacionado con las colonias españolas, que en aquella época incluían los territorios de Cuba, Puerto Rico y Filipinas.

Después de que se hubiera empezado a construir el Puerto de La Luz, Fernando fue nombrado Ministro de Gobernación. ¡Y hay que ver la de cosas buenas que hizo por sus paisanos! En el poco tiempo que ejerció su cargo se promulgaron leyes y disposiciones que mejoraron la vida de los canarios y se aprobaron muchos proyectos que Juan había diseñado: carreteras, puertos, refugios, edificios singulares…

Pocos meses después Fernando fue nombrado embajador de España en Francia y se trasladó a vivir a París. ¡Casi nada! La «ciudad de la luz», centro cultural del universo, lugar donde recientemente se había celebrado la Gran Exposición Universal, en la que se mostraban al mundo los últimos adelantos científicos, y que nos dejó como recuerdo la torre Eiffel.

Fernando, nuestro embajador, enamorado de la cultura francesa, se movía en la ciudad como pez en el agua. Su labor en el cargo fue muy apreciada, tanto por los de su partido como por los contrarios. Por eso lo ocupó durante muchos años. Decían sus adversarios políticos de las islas que él era un poco *zorrocloco*, que en el lenguaje popular de los canarios se aplica a quien lo escucha todo, pero solo habla lo que le conviene. Y es que Fernando era un hombre prudente que reflexionaba sobre los problemas y miraba siempre al futuro. Llegó a conseguir un acuerdo fronterizo entre Japón y Filipinas, que en esa época era una colonia española, y hasta organizó una conferencia internacional entre países.

Las embajadas

Una embajada es la sede permanente de una misión diplomática. Su máximo dirigente, el embajador, es quien se encarga de representar y defender los intereses de su país.

Pero volvamos otra vez a Canarias...

Una vez terminado el Puerto de La Luz y de Las Palmas —¡qué maravilla!—, se abrió una cómoda vía a todos los demás puertos del mundo: fue como si de improviso se prendiera una chispa que encendió ilusiones; las ilusiones despertaron sueños, los sueños airearon ideas y las ideas pusieron en marcha a la población, que comenzó a caminar y a trabajar.

Enseguida se estableció una línea de barcos de vapor para comunicar las islas entre sí: los llamaban *correíllos*. Gracias a ellos se ralentizó la emigración de canarios hacia América. También comenzó la migración de las familias entre las islas, para buscar trabajo y mejores oportunidades de subsistencia.

El Puerto de la Luz

El puerto, que tardó en construirse casi dos décadas, es desde 1902 un importante punto de conexión para mercancías entre continentes. Además, es una escala habitual de cruceros turísticos y, por su cercanía a los caladeros de pesca africanos, mueve al año cuatrocientas mil toneladas de pescado congelado.

Las compañías extranjeras que negociaban entre Europa, América y África atracaban en la isla sus enormes barcos de vapor para cargar y descargar sin peligro. Ellas construyeron oficinas, almacenes y edificios cercanos al puerto. Algunas de esas construcciones, hoy convertidas en museos y centros culturales como la Casa Elder, todavía siguen recordándonos la historia.

El Puerto de La Luz y de Las Palmas se convirtió en un puente extraordinario para el comercio y el tráfico marítimo internacional.

A pesar de que Fernando estaba en París, siguió influyendo para que sus paisanos caminaran con paso más firme y decidido. Así, por ejemplo, como en esa época no había radio ni televisión, Fernando promovió la creación de un periódico local, para transmitir las noticias y la información de interés a la población.

Con la intervención de Fernando como político también se crearon en cada isla los Cabildos, una forma de gobierno más moderna que permitía que cada una administrara sus propios recursos.

Los hermanos León y Castillo no solo lucharon con todas sus fuerzas para conseguir puertos o carreteras, además intentaron dotar a sus paisanos de recursos que mejoraran su nivel de vida.

Juan permaneció en Gran Canaria, completando sus proyectos, entre ellos la escritura de un libro titulado *La vida*, donde recoge muchos de sus pensamientos.

Gran parte de su tiempo lo dedicó a innovar en sus fincas y propiedades, aplicando a la agricultura métodos y procedimientos que había aprendido a lo largo de su vida, y que enseñó a otros labradores.

Recibió muchísimos homenajes y es hijo predilecto de pueblos y ciudades. Los vecinos de Las Palmas además le regalaron una hermosa escultura que colocaron en un parque del puerto.

Juan León y Castillo murió en Las Palmas en 1912, a los 79 años, arropado por la admiración y el cariño de sus paisanos.

«Las ciencias mejoran la condición humana, dotándola de fuerzas para luchar y ahuyentar los miedos.»

Juan León y Castillo

Otras obras de Juan León y Castillo

A lo largo de su vida, además del Puerto de la Luz, Juan se encargó de la construcción de otros grandes proyectos como la carretera de Las Palmas a Telde, el Faro de Maspalomas o el dique de Santa Cruz de Tenerife.

Fernando y la cultura

Fernando nunca se desligó de la cultura ni del aprendizaje. Durante años le envió por correo las novedades literarias de autores españoles y franceses a su amigo el poeta canario Montiano Placeres. También le prestaba su finca Las Cruces, en La Pardilla de Telde, para que este realizara tertulias político-literarias.

En cuanto a Fernando, siguió viviendo en París, la ciudad que lo enamoró. Allí escribió, en los últimos años de su vida, sus memorias en un libro titulado *Mis tiempos*.

Fernando León y Castillo falleció en marzo de 1918, con 76 años de edad, en la ciudad francesa de Biarritz, a orillas del mar.

La Casa-Museo León y Castillo

Creado por el Cabildo de Gran Canaria en 1954, este museo contiene más de doce mil documentos de finales del siglo XIX y principios del XX, así como una biblioteca con unos diez mil ejemplares. Es sin duda uno de los centros de referencia de Canarias para el estudio de esa época.

Para rendir homenaje a estos dos personajes fundamentales de la historia de Canarias, se habilitó un magnífico museo en su casa familiar de Telde. Allí se encuentran los cuadros y dibujos que pintó Juan cuando solo era un niño; los poemas y las historias que escribían Fernando y Benito Pérez Galdós en el internado; los libros que tenían en su biblioteca e infinidad de cosas más…

Sin duda merece mucho la pena que lo visiten. ¡Así podrán conocer más de cerca la vida de dos canarios extraordinarios!

Los protagonistas

De los dos hermanos, Juan fue el mayor: nació en Las Palmas de Gran Canaria en 1834. Viajó a Madrid para estudiar en la Escuela de Caminos, Canales y Puertos. Al terminar sus estudios, fue destinado a la provincia de Canarias y se estableció en Tenerife como encargado de Obras Públicas, para diseñar desde allí una serie de proyectos en todas las islas. Años después se trasladó a Las Palmas y pasó a compaginar su trabajo de ingeniero con el de profesor de matemáticas y dibujo. En 1865 fue nombrado jefe de Obras Públicas en la isla y desde ese momento inició una serie de proyectos de carreteras y puertos que supondría un antes y un después en la vida de sus paisanos. Tres años más tarde fundó junto a su hermano Fernando el Partido Liberal Canario. En 1881 presentó el proyecto definitivo del Puerto Refugio de La Luz de Las Palmas, cuyas obras comenzarían en 1883. Juan siguió

Otros ilustres de la ingeniería y la política en Canarias

1797
El tinerfeño Agustín de Betancourt, fundador de la Escuela de Caminos, Canales y Puertos, patenta junto a Périer su modelo de prensa hidráulica para uso industrial.

1883
Comienza a construirse el proyecto de Juan León y Castillo para el Puerto de La Luz de la capital grancanaria, por iniciativa política de su hermano Fernando.

1886
El novelista Benito Pérez Galdós es nombrado diputado de las Cortes Generales por Puerto Rico.

trabajando en diversos proyectos de ingeniería, siempre leal a su hermano, hasta su muerte en Las Palmas en 1912.

El hermano menor, Fernando, nació en 1842 en Telde. Estudió Derecho en Madrid y más adelante pasó a ocupar diferentes cargos políticos: Gobernador Civil, Diputado, Senador, Subsecretario de Ultramar, Ministro de Ultramar, Ministro de Gobernación y, finalmente, Embajador de España en Francia. Gracias a su desempeño en todos estos cargos fue capaz de modificar determinados contenidos legislativos que impedían el óptimo desarrollo de las Islas, y también luchó denodadamente para que se aprobara la mayoría de proyectos diseñados por su hermano, los cuales mejoraron sustancialmente la vida de los canarios. Fernando recibió distintos honores y galardones nacionales e internacionales. Murió en Biarritz, Francia, en 1918.

1887
Después de un año a cargo del Ministerio de Gobernación, Fernando León y Castillo es nombrado embajador español en Francia.

1933
En su segundo mandato, Manuel Azaña pone al grancanario José Franchy y Roca al frente del Ministerio de Industria y Comercio.

1937
El grancanario Juan Negrín, médico de profesión, es nombrado presidente del Gobierno de la II República española.

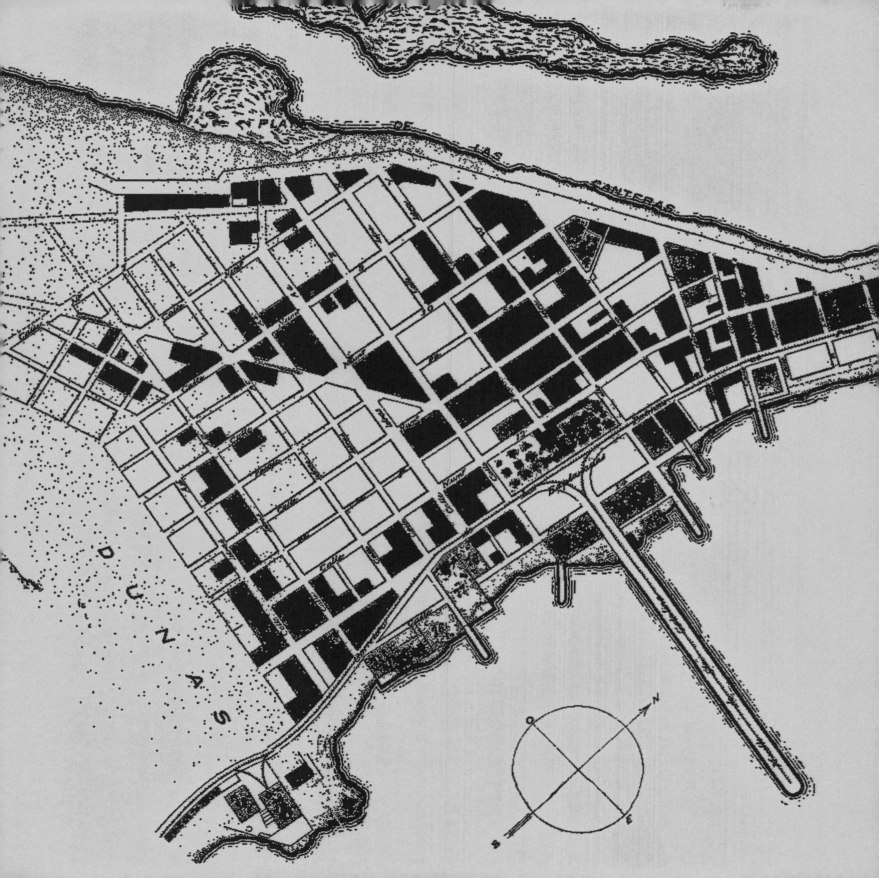